WITHDRAWN
AND
DONATED
FOR SALE

¡Quítate de aquí!

Janine Amos Ilustraciones de Annabel Spenceley
Consultora Rachael Underwood

Gareth Stevens Publishing
A WORLD ALMANAC EDUCATION GROUP COMPANY

Please visit our web site at: www.garethstevens.com
For a free color catalog describing Gareth Stevens Publishing's
list of high-quality books and multimedia programs, call
1-800-542-2595 (USA) or 1-800-387-3178 (Canada).
Gareth Stevens Publishing's fax: (414) 332-3567.

Library of Congress Cataloging-in-Publication Data available upon request
from publisher. Fax (414) 336-0157 for the attention of the Publishing
Records Department.

ISBN 0-8368-3682-0

This edition first published in 2003 by
Gareth Stevens Publishing
A World Almanac Education Group Company
330 West Olive Street, Suite 100
Milwaukee, Wisconsin 53212 USA

Series editor: Dorothy L. Gibbs
Graphic designer: Katherine A. Goedheer
Cover design: Joel Bucaro
Translators: Colleen Coffey and Consuelo Carrillo

This edition © 2003 by Gareth Stevens, Inc. First published by Cherrytree Press, a subsidiary of Evans Brothers Limited. © 1999 by Cherrytree (a member of the Evans Group of Publishers), 2A Portman Mansions, Chiltern Street, London W1U 6NR, United Kingdom. This U.S. edition published under license from Evans Brothers Limited. Additional end matter © 2003 by Gareth Stevens, Inc.

All rights reserved. No part of this book may be reproduced, stored in a retrieval system, or transmitted in any form or by any means, electronic, mechanical, photocopying, recording, or otherwise, without the prior written permission of the copyright holder.

Printed in the United States of America

1 2 3 4 5 6 7 8 9 07 06 05 04 03

Una nota a los padres y a los educadores

Pueden utilizar las preguntas que aparecen en **negrita** para iniciar un debate con sus hijos o con la clase. Animen a los niños a pensar en posibles respuestas antes de continuar con la lectura.

La tienda de campaña

Farid está en la tienda de campaña.

Aquí viene Lily.

Ahora Farid y Lily están en la tienda de campaña.

Aquí vienen Jack y Sarah.

Farid, Lily, Jack y Sarah están todos en la tienda.

Aquí viene Sam.

Sam se mete a la fuerza en la tienda.
¿Cómo crees que se sienten los otros?

"¡Quítate de aquí!", se queja Jack.
"Estoy aplastado."

"Yo también estoy aplastada", dice Lily.
"¿Qué crees que puede hacer ella?"

Lily se arrastra para salir de la tienda de campaña.

Luego, ella trae dos sillas.

"Necesito esta alfombra", dice Lily.
"Ayúdame Sam, por favor".

Lily y Sam montan otra tienda de campaña.

Con dos tiendas todos tienen suficiente espacio.

¡Ay!, ¡Aquí viene Peter!

El cohete

Jamie está construyendo un cohete.
La mesa está cubierta de cajas.

"¡Oye, quítate de aquí!", dice Nathan.
"Necesito más espacio".

Jamie juega con su cohete.
"¡Zum! ¡Zum!", dice.

"¡Quítate de aquí!", grita Nathan,
y tira las cajas al piso.

"¿Qué está pasando?", pregunta Steve.
"Los dos parecen disgustados".

"Nathan quitó mis cajas de la mesa", dice Jamie.
¿Cómo crees que se siente Jamie?

"Jamie tiene toda la mesa ocupada", dice Nathan. "No hay lugar para mí".
¿Cómo crees que Nathan se siente?

"Entonces, los dos necesitan más espacio", dice Steve.
¿Qué crees que pueden hacer?

"Tengo una buena idea", dice Jamie.
"Puedo construir mi cohete hacia arriba".

"Déjame ver", dice Steve.
Jamie arma su cohete sobre la base.

Nathan sonríe.
"¡Mira! ¡Ahora hay espacio para mí!", dice.

Jamie termina su cohete.
Nathan arma su modelo.

Cuando la gente no tiene suficiente espacio para trabajar o jugar, se siente aprisionada y algunas veces se enoja. Cuando esto te pase, para y mira a tu alrededor. Trata de encontrar una manera de hacer el espacio que necesitas y pide ayuda a otra persona.

Más libros para leer

Dealing With Someone Who Is Selfish. Don Middleton (PowerKids Press)

I Am Cooperative. Character Values (series). Sarah L. Schuette (Pebble Books)

Room on the Broom. Julia Donaldson (Dial Books for Young Readers)

DU 8/03